Inga Hemmerling

„Pop und nochmal Pop". Der werbestrategische Text „Subito" von Rainald Goetz als Beispiel
der literarischen Popkultur mit möglichem Unterrichtseinbezug

GRIN - Verlag für akademische Texte

Der GRIN Verlag mit Sitz in München hat sich seit der Gründung im Jahr 1998 auf die Veröffentlichung akademischer Texte spezialisiert.

Die Verlagswebseite www.grin.com ist für Studenten, Hochschullehrer und andere Akademiker die ideale Plattform, ihre Fachtexte, Studienarbeiten, Abschlussarbeiten oder Dissertationen einem breiten Publikum zu präsentieren.

Dokument Nr. V76697 aus dem GRIN Verlagsprogramm

Inga Hemmerling

„Pop und nochmal Pop". Der werbestrategische Text „Subito" von
Rainald Goetz als Beispiel der literarischen Popkultur mit möglichem
Unterrichtseinbezug

GRIN Verlag

Bibliografische Information der Deutschen Nationalbibliothek: Die Deutsche Bibliothek
verzeichnet diese Publikation in der Deutschen Nationalbibliografie; detaillierte bibliografische Daten sind im Internet über http://dnb.d-nb.de/ abrufbar.

1. Auflage 2007
Copyright © 2007 GRIN Verlag
http://www.grin.com/
Druck und Bindung: Books on Demand GmbH, Norderstedt Germany
ISBN 978-3-638-81794-3

Ruhr-Universität Bochum
Seminar: Deutschunterricht als Kulturgeschichte
Germanistisches Institut
Wintersemester 06/07

„Pop und nochmal Pop"

Der werbestrategische Text „Subito" von Rainald Goetz als Example der literarischen Popkultur

(mit möglichem Unterrichtseinbezug)

Von Inga Hemmerling

Gliederung

1. Einleitung

1983 in Klagenfurt: Der Ingeborg-Bachmann-Preis geht in die sechste Runde. Heute, 24 Jahre später, fragt man sich, wer an diesem Tage den Preis für seine literarische Kunst erhalten hat. Diese Frage kann zum Beispiel durch das Archiv des Ingeborg-Bachmann-Preises beantwortet werden, doch die Erinnerung des Publikums oder auch derjenigen, die es erzählt bekamen oder in den Medien vernehmen konnten, gehört allein Rainald Maria Goetz. Durch seinen skandalösen Auftritt bei der Klagenfurter Veranstaltung, bei der er sich die Stirn aufschnitt, wurde er berühmt. Die Fernsehkameras im Raum dokumentierten seine „Blut-Performance", wodurch Goetz' geplante Vermarktungs-strategie aufging und die Medien nach der Veranstaltung über den bis dato unbekannten Rainald Goetz geradezu ungebremst berichteten. Goetz zog nicht nur die Aufmerk-samkeit seiner Gönner auf sich, sondern schaffte es auch, seine Kontrahenten an die Kombination von Bühnenaktion und seinem Text „Subito" zu fesseln. Ähnlich wie Goetz verwenden auch heutzutage Autoren Mittel, um ihren Erfolg zu beschleunigen und sich einen Namen verschaffen zu können. Benjamin von Stuckrad-Barre benutzt zum Beispiel bei seinen Lesungen multimediale Technik auf der Bühne. Bei seiner Lesung dürfen Laptop, Beamer und riesige Lautsprecherboxen nicht fehlen, damit er seine Texte zum Teil mit Musik unterlegen oder durch Bilder an der Wand repräsentieren kann. Das Prinzip der Grenzüberschreitung zeigt sich in solchen Performances als Erfolgsrezept.[1]

Das Grundprinzip der Grenzüberschreitung stellt die Brücke von Rainald Goetz' Text „Subito" und seinem multimedialen Skandal zu der Bewegung der Pop-Kultur her. Klassengrenzen, gesellschaftliche und kulturelle Grenzen werden überschritten, um die Pop-Phänomene Innovation, Simultaneität und Spontaneität als Programme der Pop-Kultur[2] offensichtlich werden zu lassen. „Subito" weist viele pop-ästhetische Aspekte auf, die neben der genaueren und hintergründigen Darstellung Goetz' Klagenfurter Auftritts, sowie der Beschreibung der pop-kulturellen Bewegung in der vorliegenden Arbeit aufgezeigt werden sollen.

Neben einer Unterrichtsreihe zur Pop-Kultur kann „Subito" im Sinne einer produktiven Lektüre im Deutschunterricht eingesetzt werden. Indem die Schüler durch Goetz' Text angeregt werden, eigene Texte zu verfassen, die mit der Pop-Literatur, mit Grenzüberschreitungen und neuen Sprachformen und -spielen einhergehen, kann das didaktische Prinzip des kreativen Schreibens, was in dieser Arbeit ebenfalls vorgestellt wird, in den Unterricht eingebaut werden.

---

[1] http://www.zdf.de/ZDFde/inhalt/22/0,1872,2192790,00.html
[2] Doktor, Thomas; Spies, Carla: Gottfried Benn - Rainald Goetz: Medium Literatur zwischen Pathologie und Poetologie. Opladen, 1997. S. 117.

2. Der „Sensationsbluter" von Klagenfurt

Rainald Goetz machte sich auf der Klagenfurter-Veranstaltung im Sommer 1983 seinem darauf folgenen Namen des „Sensationsbluters" alle Ehre. Ihm genügte es nicht, seinen Text einfach nur vorzutragen. Er wollte sich mit einer anderen Bühnenperformance in Szene setzen und den Fokus der Nachrichtenmeldungen der darauf folgenden Tage auf seine Person richten. Rainald Goetz wusste zielsicher, wie er mit seinem Text, der verspottende Anspielungen gegenüber dem Klagenfurter-Wettbewerb beinhaltet, und mit seiner skandalösen Bühnenaktion provozieren und sich vor allem publik machen konnte. Denn sein Ziel war nicht, den begehrten Ingeborg-Bachmann-Preis in Klagenfurt zu erhalten und somit eine Auszeichnung für seine dort erbrachte literarische Leistung zu erlangen. Er wollte einen multimedialen Skandal erzeugen, der ihm als „Sprungbrett" für seine Karriere dienen sollte.

2.1 Der Ingeborg-Bachmann-Preis

Der Ingeborg-Bachmann-Preis findet jährlich in der Kärntner Landeshauptstadt Klagenfurt statt. Die erste Vergabe des Ingeborg-Bachmann-Preises fand 1977 im Rahmen der so genannten „Woche der Bewegung" statt. Die von den Mit-Initiatoren Marcel Reich-Ranicki, Ernst Willner und Hubert Fink eingeladenen Teilnehmer und Teilnehmerinnen bekamen die Möglichkeit, dreißig Minuten lang ihre ausgewählten Texte vor der Jury und dem Publikum vorzutragen, um sich anschließend der Kritik zu stellen. Auch die Fachjury wurde von Reich-Ranicki, Willner und Fink zusammengestellt, wozu auch sie selbst viele Jahre gehörten. Die zusammengestellte Jury konnte geeignete Autoren und Autorinnen vorschlagen oder auch aus der Bewerberliste streichen. Nach der Lesung der Teilnehmer und Teilnehmerinnen wurden ihre Texte direkt öffentlich diskutiert. Die Jury musste sich nach den dreißig Minuten ad hoc zum Text äußern, um somit eine nachvollziehbare Kritik zu ermöglichen. Die ersten Preisträger der Preisvergabe 1977 waren Gert Jonke („Erster Entwurf zum Beginn einer sehr langen Erzählung") und Hans F. Fröhlich („Einschüchterungsversuche").

Die Herleitungsinstanz des Ingeborg-Bachmann-Preises beruht auf einer Idee des österreichischen Buchautor und Journalist Hubert Fink und des ehemaligen ORF-Intendant Ernst Willner. Sie hatten Mitte der siebziger Jahre die Idee, in Klagenfurt einen Literaturwettbewerb stattfinden zu lassen, der in Gedenken an die bedeutende österreichische Schriftstellerin Ingeborg Bachmann (1926-1973) ihren Namen tragen sollte. Der Literaturwettbewerb sollte nach dem Vorbild der so genannten „Gruppe 47" verlaufen, was eine Lesung literarischer Texte mit anschließender öffentlicher Diskussion

implizierte. Die „Gruppe 47" war eine wechselnde Gruppierung deutscher Schriftsteller und Schriftstellerinnen, die von 1947 bis 1967 jährliche Tagungen veranstalteten, bei denen Lesungen stattfanden, Texte diskutiert wurden und Literaturpreise vergeben werden konnten. Die „Gruppe 47" wollte junge Literatur sammeln und fördern, wodurch sie versuchten für ein neues demokratisches Deutschland zu wirken. Ihr verfolgtes Ziel war die Erziehung und Aufklärung zur Demokratie nach dem Hitlerregime. Nachkriegsdeutschland, das totalitäre Regime, und politische und gesellschaftliche Themen waren Lesungs- und Diskussionsmittelpunkt. Der Sprachzerstörung versuchte man entgegenzuwirken und ein Forum für literarische und gesellschaftliche Reflexion, Kommunikation und Diskussion sollte geschaffen werden. Zu der „Gruppe 47" gehörten unter anderem Autoren wie Ingeborg Bachmann, Günther Grass und Heinrich Böll. Die Streit-, Diskussions- und Debattenkultur der „Gruppe 47" hat sich im Ingeborg-Bachmann-Preis fortgesetzt und ist bis heute bei den jährlichen Lesungstagen in Kärnten wieder zu finden.[3] Das Ziel der Veranstaltung definiert der ORF-Intendant Ernst Willner als eine jährlich wiederholte öffentliche Betrachtung aktueller Literatur, um weitreichende Trends und Tendenzen feststellen zu können:

> "Für den deutschsprachigen Raum, auf neutralem Boden, der Literatur, einmal im Jahr, für ein paar Tagen, eine Möglichkeit zu geben, zu sich selbst zu kommen, sich zu bestimmen, Tendenzen festzustellen, Trends zu eruieren, ihren ideellen und ihren Waren-Charakter aufzuweisen: dazu sollten die Tage der deutschsprachigen Literatur in Klagenfurt, sollte das Vergeben des Ingeborg-Bachmann-Preises dienen, und wohl auch dazu, Probleme der gesamten deutschsprachigen Literatur zu erörtern".[4]

2.2 Sommer 1983: Goetz betritt die Klagenfurter-Bühne

Sechs Jahre nach der ersten Tagung des Ingeborg-Bachmann-Preises wird Rainald Goetz zu der Veranstaltung eingeladen. Er liest seinen Text „Subito", der mit der Anfangspassage des ersten Kapitels des zweiten Teils seines Romans „Irre" beginnt. Goetz will mit seiner Lesung einen polemischen Angriff gegenüber der gesamten Veranstaltung erheben. Die Polemik bezieht sich gegen die in Klagenfurt anwesenden Repräsentanten des Literaturbetriebes und soll die gesamte Aggression der Raspe-Figur und des Autors gegen die Klagenfurter Veranstaltung „ernst gemeint" wirken lassen. Um dieses Ziel der Aggressionsvermittlung zu erreichen, schöpft Goetz aus dem „Auffallen-wollen-um-jeden-Preis" die notwendige Motivation, eine skandalöse Performance vorzunehmen.[5]

Im Juni 1983 betritt der damals 29 jährige Goetz die Klagenfurter-Bühne um seinen Text „Subito" vorzutragen. Der Lesungssaal ist mit hunderten von Menschen gefüllt, und alle

---

[3] http://bachmannpreis.orf.at/index25.htm
[4] Ebd.
[5] Doktor, Thomas; Spies, Carla: S. 97-101.

erwarten gespannt die literarische Kreativität Rainald Goetz'. Bereits im Verlauf der Lesung seines Textes löst „Subito" bei der Jury und dem Publikum aufgrund der Aggressivität gegenüber dem literarischen und kulturellen Leben sowie der Bachmann-Veranstaltung eine gereizte Verwirrung und Spannung aus.[6] „Das ist doch ein Krampf, denen was vorzulesen"[7] – mit diesen und ähnlichen Worten weiß Goetz gelungen zu provozieren. Als Goetz auf der letzten Seite seines zwölfseitigen Textes angekommen ist – die Kameras stehen bereit – schneidet er sich mit der Rasierklinge in seiner rechten Hand bei den Worten „Ihr könnts mein Hirn haben. Ich schneide ein Loch in meinen Kopf, in die Stirne schneide ich das Loch. Mit meinem Blut soll mir mein Hirn auslaufen"[8] die Haut quer über der Stirn auf. Das Blut tropft auf den Lesungstisch und auf sein Manuskript. Blutüberströmt trägt er die letzten Worte seines Textes vor. Im Saal herrscht Tumult und eine Frau ruft nach einem Arzt - man versichert ihr jedoch, dass Goetz selber Arzt sei und wissen müsse, was er tut.[9] Genau diese Performance macht Goetz zum medialen Sieger des 6. Ingeborg-Bachmann-Preises. Die Berichterstattungen in den Tagen nach dem skandalösen Auftritt sind kaum zu bremsen. Die Westfälische Rundschau veröffentlicht zum Beispiel einen Artikel mit dem Titel „Rainald Goetz und sein Wahnsinnsritt in die Literaturszene"[10]. In anderen Beiträgen rückt die ganze Person Rainald Goetz, inklusive seines äußeren Erscheinungsbildes – wie seine Kleidung und sein gefärbter Punk-Schopf – in den Fokus der medialen Betrachtungen. In der Spiegel-Ausgabe vom 26.09.1983 kann beispielsweise noch drei Monate nach dem Auftritt gelesen werden, dass sich Goetz „durch einen gewissen punkmäßigen Aufzug mit gefärbten Haarsträhnen, Turnschuhen und dem unerlässlichen Hundehalsband ums Handgelenk" von den anderen Autorinnen und Autoren unterschied.[11] Jedoch sind sich alle printmedialen Berichterstattungen – egal ob Boulevardpresse oder die der seriösen und kritisch betrachtenden Artikel – darüber einig, dass der vorgetragene Text und der skandalöse Auftritt voneinander zu trennen sind. So hat es auch Marcel Reich-Ranicki direkt nach der Lesung gesehen, der sich mit seiner Kritik vordergründig auf den Text bezieht und ihn als literarische Leistung ansieht: „Haben wir es mit einer literarischen Leistung – frage ich – zu tun? Ich antworte: Ja. [...] Mich hat dieses provozierende Prosastück beeindruckt. Ich bin dafür."[12]

---

[6] Ebd.: S. 73.
[7] Goetz, Rainald: Subito. In: Goetz, Rainald: Hirn. Frankfurt am Main, 1987. S. 9.
[8] Ebd.: S. 20.
[9] http://archiv.tagesspiegel.de/archiv/29.06.2003/629008.asp
[10] Doktor, Thomas; Spies, Carla: S. 73.
[11] Ebd.: S.95.
[12] Ebd.: S. 93.

2.3 „Subito": Ein kalkulierter Skandal

Der Skandal, über den nicht nur im Sommer 1983 gesprochen wurde, wirkte wie eine provokative, zuvor kalkulierte Performance. Das Protokoll eines Telefongespräches zwischen Goetz und einem seiner Suhrkamp-Lektoren, welches der Autor Günther Walraff verkleidet als Reinigungskraft in den Frankfurter Verlagshäusern aufgezeichnet hat, zeigt die Vorüberlegung zu der Bühnen-Performance in Klagenfurt. Die Bedeutung einer skandalösen Darbietung des Textes „Subito" liegt in der Tatsache der medialen Verbreitung der Lesung. „ACTION, mensch, Action... Nix LofeäntPieß undsoweiter, nee nee, das muß schon was Bombiges sein – das Fernsehn dreht mit, Mensch, die wolln doch auch was zu sehen kriegen!"[13] Die geplante Performance wird als Vermarktungsstrategie verwendet, um durch die mediale Übertragung einen notwendigen Bekanntheitsgrad zu erreichen und Goetz' Roman „Irre" leichter vermarkten zu können. Goetz war zu der Zeit der Klagenfurter-Veranstaltung bereits mit seinem Roman beim Suhrkamp-Verlag unter Vertrag und der Klagenfurter-Auftritt war mit dem Erscheinen des Romas auf der Frankfurter Buchmesse im Herbst klar abgestimmt. Es ging also keineswegs darum die Auszeichnung des Wettbewerbes zu erhalten, sondern um den werbestrategischen Charakter der Veranstaltung. Die zum Literaturmarkt gehörenden Trägermedien erfassten den Rezipientenkreis, den Goetz für seine weitere Karriere ansprechen wollte.[14] Er nutze die Klagenfurter Veranstaltung um seine Aktion, seinen Text und seine eigene Identität publik machen zu können. Denn auch ihm war bekannt, dass dem Ingeborg-Bachmann-Preis der Ruf einer „Autorenwerkstatt" nachgesagt wurde, bei der ein spezielles „Entdecker-Syndrom" jungen Autoren zu einer durchaus erfolgreichen Karriere verhelfen konnte.[15]

„Ich hab da ja noch meine Rasierklingensammlung..."[16] – so teilte Goetz seine Idee des Rasierklingenschnittes seinem Lektor des Surkamp-Verlages mit, was das bereits zitierte Protokoll zeigt. Welche wörtliche Reaktion Goetz' daraufhin entgegengebracht wurde, bleibt nur zu vermuten, da das Protokoll an dieser Stelle aus Unverständlichkeit des Telefonats abgebrochen wurde.

Dass „Subito" speziell für die Klagenfurter-Veranstaltung verfasst wurde, lässt sich an zahlreichen Textstellen belegen. Vor allem das Kneipengespräch zwischen Goetz und einem den in Klagenfurt anwesenden Juroren und Verlagsvertretern gegenübergestellten subkulturellen Personenverband lässt den polemischen Angriff, um den es in „Subito" geht, deutlich werden. Der Personenverband teilt Goetz verhöhnende Meinungen

---

[13] Ebd.: S. 92.
[14] Ebd.: S. 89/90.
[15] Doktor, Thomas; Spies, Carla: S. 78.
[16] Ebd.: S. 92.

gegenüber der Klagenfurter Veranstaltung und trägt dazu bei, dass Goetz innerhalb des Kneipengespräches das gesamte Establishment des Literaturbetriebes angreifen kann.[17] Eine der Personen ist Neger Negersen, womit der Poptheoretiker Diedrich Diederichsen angeführt wird, der u.a. der Herausgeber der Musikzeitschriften „Sound" und „Spex" war, wofür auch Goetz Artikel verfasste. Olaph-Dante Marx ist ein bekannter Popautor, und der im Text vorkommende Maler Albert Gagarin ist ein verklausulierter Name des russischen Astronauten Juri Alexejewitsch Gagarin, der 1961 der erste Mensch im Weltall war. Werner Andropov, im Text ebenfalls Maler, erinnert an den sowjetischen Generalsekretär Juri Andropow[18] und Nicky Rydenback ist ein New Yorker „Pop-Strukturalist", der Goetz als Richtungsgenosse der Pop-Kultur im Text zur Seite stehen kann. Mit diesen Personen lässt Goetz in seinem Text in einer spöttischen Art und Weise seine ganze Wut der Klagenfurter-Veranstaltung gegenüber freien Lauf, wobei ungemein deutlich wird, was Goetz genau über den Klagenfurter-Wettbewerb denkt:

> „Das Beste an Klagenfurt, außer der Scheiße, ist der Unterschied zwischen Null und Titan. Denn es geht dort ja nicht um die fade Literatur, sondern um die lustige Hüftenschußkritik. Vier Tage lang geht das, vier Tage lang kannst du es dir anschauen, vier Tage lang sabbeln die Nullenkritiker ihr gut abgewogenes gut abgehangenes Nullengesabbele daher [...] noch viel besser als die ganze Klagenfurter Branchenscheiße ist der viertagelange unübersehbare und von jeder zweiten Null immer wieder dumpf attackierte Triumph des Titans."[19]

Warum Rainald Goetz aber trotz seiner negativ besetzten Einstellung der Veranstaltung gegenüber an der Lesung teilnimmt, zeigt das nächste Zitat, welches im Text von Neger Negersen stammt: „Mann, nichts wie hin nach Klagenfurt [...] zum Nullenanschauen und verhöhnen [...] vielleicht kann man auch beiläufig irgendeine Minderheit verunglimpfen oder ein paar Deppen sauber quälen."[20] Und nicht nur die derzeitigen Juroren und Verleger werden von den Teilnehmern des Kneipengespräches verhöhnt. Der Spott bezieht sich auch auf die Klagenfurter Herleitungsinstanz: „Den sollen die Peinsackschriftsteller vertreten, die in der Peinsackparade, angeführt von den präsenilen Chefpeinsäcken Böll und Grass, von Friedenskongreß zu Friedenskongreß [...] ziehen und dabei den geistigen Schlamm und Schleim absondern [...]".[21] Die, wie Goetz es hier nennt, „kurz vor dem Greisenalter stehenden" Heinrich Böll und Günther Grass waren Mitglieder der „Gruppe 47" und bemühten sich dem kulturellen Ziel dieses Zusammenschlusses, der Erziehung zur Demokratie, gerecht zu werden. Böll und Grass werden hier spöttisch als „präsenile Chefpeinsäcke" betitelt, während aber auch das kulturelle Ziel der „Gruppe 47" zynisch als „Friedenskongreß" bezeichnet wird. Bei der

---

[17] Ebd.: S. 106.
[18] http://www.weltchronik.de/ws/bio/main.htm
[19] Goetz, Rainald: S. 17.
[20] Goetz, Rainald: S. 18.
[21] Ebd.: S. 19.

Betrachtung der Textstellen, die Klagenfurt und seine Lesung thematisieren, kann innerhalb des Textes bereits schon früher angehalten werden:

> „Das ist doch ein Schmarren, sagte Raspe, das ist doch ein Krampf, denen was vorzulesen, was eh in meinen Roman hinein gedruckt wird, eine tote Leiche wäre das, die ich mitbringen täte und hier voll tot auf den Tisch hin legen täte, ich bin doch kein Blödel nicht, ich lege denen doch keinen faulig totig stinkenden Kadaver da vor sie hin, von dem sie eine Schlafvergiftung kriegen müssen, es muß doch BLUTEN, ein lebendiges echtes rotes Blut muß fließen, sonst hat es keinen Sinn [...]"[22]

An dieser Stelle wird das vorherige Zitieren aus dem Roman „Irre" abgebrochen und die Klagenfurter Veranstaltung rückt in den Fokus des Textes. Goetz beschreibt an dieser Stelle, dass es ihm zu einfach wäre, einen fertigen Text aus einem kurze Zeit danach erscheinenden Roman vorzutragen, welchen die Juroren und das Publikum wohlmöglich noch als langweilig empfinden könnten. Stattdessen bevorzugt Goetz eine Performance bei der es in doppelter Hinsicht „bluten" muss. Es muss „bluten", was den vorzutragenden Text angeht, so dass er brisant und aufbrausend ist; ebenso muss es für Goetz im wahrsten Sinne des Wortes „bluten", indem er sich die Haut über der Stirn aufschneidet, um die Bühnenperformance zum Skandal avancieren zu lassen.

3. Die Bewegung der Popkultur

„Pop und nochmal Pop"[23]: Etwa seit Mitte der neunziger Jahre hat der häufige Gebrauch von Pop oder die Verwendung von Komposita mit Pop Hochkonjunktur. Der Gebrauch geht von der Pop-Musik, anfänglich der Punk-Bewegung, über die Pop-Art in der Kunst, bis hin zum Pop-Roman in der Literatur.[24] Pop ist zu einer Art Zauberformel geworden, die Frische, Freiheit und eine Auflehnung gegen alte, monotone Gesellschaftsstrukturen impliziert. „Pop steht für Verspieltheit und Vieldeutigkeit, die ironischen Brechungen und die Reize der Oberfläche in Musik und Mode".[25] Was genau ist aber „Pop"? Gibt es überhaupt eine einheitliche Definition? Dieser Frage und der Betrachtung der Entwicklungsstrukturen der Pop-Kultur wird in den nächsten Abschnitten nachgegangen, worauf eine genauere Betrachtung des „Pop"-Begriffes im Literatursystem folgt.

---

[22] Ebd.: S. 9/10.
[23] Goetz, Rainald: S. 21.
[24] Arnold, Heinz-Ludwig; Schäfer, Jörgen: Text+Kritik. Sonderband. Pop-Literatur. München, 2003. S. 297/298.
[25] Kemper, Peter; Langhoff, Thomas; Sonnenschein, Ulrich: „Alles so schön bunt hier". Die Geschichte der Popkultur von den Fünfzigern bis heute. Mit 31 Abbildungen. Stuttgart, 1999. S. 12.

3.1 Pop: Transformation, Gesellschaftsbezug, Geheimcode

Wie kann der aus dem englischen Sprachgebrauch populär gewordene Begriff „pop" ins Deutsche transformiert werden? Endgültig mit einem einzigen Begriff übersetzt werden kann „pop" nicht. Das Wort „Pop" hat zu viele Verwendungsbereiche und Übersetzungsvarianten, wie zum Beispiel modern, auffallend, jugendlich etc. Wenn eine erste Definition gegeben werden soll, hat „Pop" immer etwas mit Grenzüberschreitungen zu tun, von Brechung oder Umdefinierung bestehender Grenzen. Es finden Transformationen statt, wie beispielsweise bei der britischen Pop-Art: Alltagsgegenstände werden durch andersartige, neue Inszenierungen und Collagenzusammensetzungen zu etwas „Neuem" und definieren somit eine neue und moderne Konsumgesellschaft. „Pop" ist also immer eine Transformation, eine dynamische Bewegung, bei der sich kulturelle Grenzen und dessen soziale Umgebungen gegenseitig neu gestalten und die bis dato feststehenden Grenzen überschreiten. Crossover ist in diesem Zusammenhang keine bestimmte Gattung, sondern das Hauptprinzip des Pop-Begriffes. Der Pop-Begriff kommt in vielen Bereichen gesellschaftlichem Leben zur Sprache: Die Jugendkultur hört ihre Pop-Musik und trägt „trendy" Kleidung, die entweder „in" oder „out" sein kann; die Kunst entdeckt seit den 60er Jahren in der Pop-Art, beispielsweise bei Andy Warhol, neue künstlerische Verfahren und neue Konzeptmöglichkeiten; die Gesellschaft bringt neue Entwicklungen zum Vorschein, wie die der sexuellen Befreiungen, der neuen politischen Orientierungsrichtungen oder auch der neuartigen Jugendreligionen. Noch vor ein paar Jahren wurde „Pop" als radikale Gesellschaftskritik verstanden, während der Pop-Begriff heutzutage eine durchaus positive Beziehung zu der sie umgebenden Welt impliziert.[26] „Pop" ist in die moderne Gesellschaft eingegliedert und hat einen besonderen Stellenwert erlangt. Diedrich Diederichsen findet sogar, dass „man den Bezug von Pop zur Welt ‚lebensphilosophisch' nennen"[27] kann. Lebensphilosophisch, weil „Pop" eine Art Schlüsselbegriff sein kann, wie man das Leben sieht, wie man es angehen möchte. Obwohl keine einheitliche Übersetzung gegeben werden kann, und „Pop" somit wie ein Geheimcode wirkt, ist dieser durchaus oft verwendete Begriff, egal in welche Richtung er geht (Musik, Kunst, Literatur, etc.) für alle zugänglich. Er ist nicht „exklusiv", so wie Diederichsen sagt, sondern er ist „inklusiv, was entscheidend für seine Bedeutung war."[28]

---

[26] Diederichsen, Diedrich: Pop – deskriptiv, normativ, emphatisch. In: Hartges, Marcel; Lüdke, Martin; Schmidt, Delf: Pop, Technik, Poesie. Die nächste Generation. Literaturmagazin Nr. 37. Hamburg 2001. S. 36-39.
[27] Ebd.: S. 40.
[28] Ebd.

3.2 Zur historischen Entwicklung der Pop-Kultur

Alle öffentlichen Kommunikationsformen, egal ob Zeitschrift, Radio oder Fernsehen, sind von der Pop-Kultur in dessen Bann gezogen. Pop kann man sich aus unserer Gesellschaft nicht mehr wegdenken. Das multimediale Dasein von Pop wird mittlerweile auch von der Werbebranche ergiebig genutzt, da Pop eine Symbolkraft besitzt, die für eine moderne und dynamische Gesellschaft steht.

Nach nun fünfzig Jahren Pop-Geschichte ist der Begriff von der Definition einer „Gegenkultur" zu einer „Spaßkultur" im positiven Sinne geworden. In den Sechziger und Siebziegern stand Pop als Widerstand gegen eine zu schnelle Einigkeit gesellschaftlicher Einstellungen und diente somit als Antriebskraft von Individualität und Selbstinszenierung. Der aus dem englischsprachigen Raum übertragene Begriff Pop verkörperte zunächst eine sexuelle Veränderung, stellte Autoritäten und kulturelle Normen in Frage und symbolisierte mit seinen neuen Musikrichtungen, Tänzen, Modeströmungen und der Art zu Sprechen einen latenten Kampf gegen versteifte Kulturen und dessen Gesellschaftsstrukturen.[29] In den Sechziger Jahren gebrauchte man immer häufiger den Ausdruck der „Subkulturen", der dem in den USA bereits eher verwendeten „subculture" entnommen ist. Es ging in dieser Zeit um die Andersartigkeit der Jugend, genauer gesagt um ihre Zweitrangigkeit. Mit der Bewegung der Pop-Kultur wurde diese Zweitrangigkeit durch eine andauernde Aufbruchstimmung gedämpft und vor allem junge Menschen nutzen Pop als Schrittmacher der Innovation von Gesellschaft und Kultur. Pop repräsentierte eine Brechung der verkrusteten Grenzen und Schichten, welche die Gesellschaft bis dato zu pflegen wusste.[30]

In den Siebziger Jahren wurde die Ankunft von Punk in Deutschland gefeiert und bereits 1976 konnten erste große Punk-Konzerte besucht werden. Die Vorläufer und wohl bekannteste Punk-Band waren die 1975 gegründete Band „Sex Pistols". Der Manager der Sex Pistols Malcolm McLaren wusste die Band immer gekonnt skandalös der Öffentlichkeit zu präsentieren, erhoffte sich dadurch enormen Erfolg und wollte mit den Sex Pistols das Musikgeschäft nachhaltig verändern. Ein Fernsehinterview mit den Sex Pistols wurde nach nur zwei Minuten abgebrochen, da Jonny Rotten, der Sänger der Band, nichts weiter zu sagen hatte als ein paar aussagekräftige „fuck, fuck" Rufe. Dies erinnert an die thematisierte Klagenfurter-Aktion, die ebenfalls für einen medialen Skandal sorgte. In den achtziger Jahren splitteten sich die Punk-Anhänger dann in zwei Gruppen auf, die sich vor allem durch ihre Mode unterschieden. Der „dress-code" der Punk-Liebhaber zeichnete die Grenzen der Generationen ab, um beispielsweise die

---

[29] Kemper, Peter; Langhoff, Thomas; Sonnenschein, Ulrich: S. 9.
[30] Ebd.: S. 12-16.

Zugehörigkeit des „Ur"-Punks deutlich zu machen.[31] In den neunziger Jahren entstand die Techno- und House-Kultur, die durch die Loveparade in Berlin einen enormen Kulturschub erhielt. Die erste Loveparade wurde 1989 am Kudamm veranstaltet, an der nur 150 Technoanhänger teilnahmen und laut ihrem Motto „Friede, Freude, Eierkuchen"[32] in den Tag hineinfeierten. 1999 erreichte der Technowahn auf der Loveparade ihren Höhepunkt, denn die Veranstalter konnten mehr als 1,5 Millionen Technoanhänger zählen. „Marusha" gehörte in den späten 90ern zu den bekanntesten DJs der Technoszene und avancierte mit „Somewhere Over The Rainbow" zu den Stars der Loveparade.[33] Heute repräsentieren DJs wie Sven Väth, Moby, Westbam oder the Disco Boys die Techno- und Houseszene und somit den aktuellen Stand der Pop-Kultur.

Vor allem in der Bewegung der musikalischen Kultur lassen sich die Pop-Charakteristika Geschwindigkeit und Simultaneität erkennen[34]. Die Programme Innovation, Simultaneität und Spontaneität zeichnen die Pop-Kultur aus[35] und versuchen den oft monotonen Alltag und seine kulturellen Barrieren zu durchbrechen:

> „Ob im handgemachten Gitarrenrock der Sechziger oder in der schamanenhaften DJ-Culture der Neunziger – die Musik handelte immer vom Versprechen, den schnöden Alltag zu überbieten, zumindest für Momente die Realität aus den Angeln zu heben. Selbst in einem bescheidenen Schlachtruf wie ‚Fight for your right to party!' scheint dieser Schwur de Pop überleben zu können."[36]

3.3 Pop im Literaturbetrieb

Die Dadaisten waren die ersten, die nach dem ersten Weltkrieg ihre Skepsis gegenüber aufklärerischen und humanistischen Werten verdeutlichten. Ihren Zweifel repräsentierte sie in literarischen Texten, die programmatisch eine Zerstörung alter Sprach- und Literaturformen beinhalteten. Für die Literatur forderte Leslie A. Fiedler eine Öffnung der populären Kultur und sprach somit als erster von einer „Pop-Literatur".[37] Nach Fiedlers berühmter Abhandlung „Cross the border, close the gap", in der er diese Öffnung gegenüber alltäglichen Begebenheiten thematisierte, verwenden auch Literaten und Verleger den Terminus „Pop".[38] Fiedler forderte eine intensive literarische Auseinandersetzung mit Popmusik, Fernsehen und Mode. Solche literarischen Abhandlungen sollten Alltagsszenen zeigen, die mit Hilfe von Fotos, Collagen oder Comics visualisiert werden konnten. 1968 wurde Fiedlers Begriff von Rolf Dieter

---

[31] Doktor, Thomas; Spies, Carla: S. 114-118.
[32] http://www.stern.de/lifestyle/reise/deutschland/510342.html?eid=510210
[33] http://www.stern.de/lifestyle/reise/deutschland/525817.html?eid=510210
[34] Doktor, Thomas; Spies, Carla: S. 111.
[35] Ebd.: S. 117.
[36] Kemper, Peter; Langhoff, Thomas; Sonnenschein, Ulrich: S. 10.
[37] http://www.thomasernst.net/popliteratur.html#Auszug
[38] Arnold, Heinz-Ludwig; Schäfer, Jörgen: S. 56.

Brinkmann in Deutschland eingeführt.[39] Er veröffentlichte im selben Jahr seinen Roman „Keiner weiß mehr" im Verlag Kiepenheuer & Witsch, der in den sechziger Jahren zu einem der wichtigsten Verlage deutscher Pop-Literatur geworden war.[40] Mit Brinkmann gab es ab den sechziger Jahren viele junge Autoren und Autorinnen, „die aus Protest gegen ihre nationalsozialistische Vätergeneration einen Weg zur Befreiung in einer lustvollen, anarchistischen Popkultur" suchten.[41] In den siebziger und achtziger Jahren wurde das Spiel mit der Sprache für viele Autorinnen und Autoren immer attraktiver. Es entwickelte sich eine Literatur, die sprachkritische, satirische, ironischen und dokumentarische Eigenschaften besaß. Das Hauptcharakteristikum dieser Literatur war das durchgängige Motiv, „dass die Literatur ein subversives Spiel mit vorhandenen Zeichen und Texten sein müsse, eine Collage aus Zitaten, ein Sampling aus Vorhandenem, vergleichbar der aufkommenden DJ-Culture."[42] Pop-Texte sind Schriftwerke, die in einfacher Sprache geschrieben sind, realistisch aus dem Leben eines Außenseiters berichten, auf die musikalische Ebene des „Pop" verweisen, die Textteile spontan aneinanderreihen, die „alten" literarischen Formen kritisch gegenüberstehen und sich um neue authentische Sprechweisen bemühen. Seit 1995 boomt die Pop-Literatur. Autoren wie Benjamin von Stuckrad-Barre, Alexa Henning von Lange oder Benjamin Lebert haben sich der Pop-Literatur angenommen und ihre Werke sind Bestseller. Mit der Bezeichnung der „Pop-Literatur" wird ein junges, kaufkräftiges Publikum angesprochen, was aber nicht heißen soll, dass die „Pop-Literatur" nur als Etikett zur Vermarktung gebraucht wird.[43] Pop-Literatur ist so anziehend, weil sie dann entsteht, „wenn der Autor die Pop-Signifikanten – gleichgültig, ob sie aus einem Popsong, einem Film oder einem Werbeslogan stammen – im literarischen Text neu ‚rahmt'."[44] Die pop-literarischen Prinzipien der Grenzüberschreitung und der multimedialen Antriebskraft machte sich vor allem neben Fichte, Brinkmann oder Wondratschek auch Rainald Goetz zu nutzen. Goetz dokumentierte, dass die Pop-Literatur aus der aktuellen Literaturdebatte nicht mehr wegzudenken sei. Die Literatur der Pop-Kultur hat sich längst als eigenständige literarische Gattung mit einigen (bereits oben erwähnten) spezifischen Merkmalen etabliert, was nicht zuletzt daran liegt, dass sie gegen Anfeindungen und kritische Wortmeldungen auffallend resistent ist.[45]

---

[39] http://www.thomasernst.net/popliteratur.html#Auszug
[40] Arnold, Heinz-Ludwig; Schäfer, Jörgen: S. 19.
[41] http://www.thomasernst.net/popliteratur.html#Auszug
[42] Ebd.
[43] http://www.thomasernst.net/popliteratur.html#Auszug
[44] Arnold, Heinz-Ludwig; Schäfer, Jörgen: S. 15.
[45] Arnold, Heinz-Ludwig; Schäfer, Jörgen: S. 66/67.

4. „Subito" als Pop-Ästhetik

Rainald Goetz schreibt einen Text, der für eine Verschachtelung von Kunst und Welt wirbt und somit der Pop-Ästhetik zugeordnet werden kann. Goetz bezieht sich in seinem Text auf Inhalte, die sich vor allem in der Pop-Literatur etablieren. Unter anderem werden alltägliche Begebenheiten, gesellschaftliche Außenseiter, Aggressionsmittelpunkte und die Pop-Musik in Goetz' „Subito" angesprochen, die in einer einfachen und realistischen Sprache verpackt den Charakter der Pop-Kultur widerspiegeln. „Rainald Goetz installiert in Subito und Irre eine literarische Reproduktion eines komplexen Systems medialer Bündelungen, deren außerliterarische, historische Referenz die Geschichte des Pop ist."[46]

4.1 Inhaltliche Aspekte

In „Subito" sind neben auffälligen sprachlichen Pop-Merkmalen auch inhaltliche Aspekte der Pop-Ästhetik wieder zu finden. Vor allem in der Spielart mit der Pop-Musik kommt die Ästhetik fast programmatisch zum Ausdruck:[47] „Wir brauchen keine Kulturverteidigung. Lieber geil angreifen, kühn, totalitär, roh kämpferisch und lustig [...]. Wir brauchen noch mehr Reize, noch mehr Werbung Tempo Autos Modehedonismen Pop und noch mal Pop."[48] Hier wird nicht allein auf die Pop-Musik verwiesen, sondern auch die Angriffslust und die offensive Gesellschaftskritik als typisches Merkmal der Pop-Kultur angesprochen. Goetz schreibt sich dafür aus, dass die Gesellschaft keine „Kulturverteidigung" braucht, sondern sich den neuen und modernen alltäglichen Dingen öffnen soll. Er fordert „noch mehr Reize", um der traditionellen Hochkultur den Kampf ansagen zu können. Und diese „Kampfbereitschaft" und Rebellion ist in der Popliteratur ein typisches Merkmal.[49] In der zitierten Passage erwähnt Goetz direkt, wie in der Pop-Literatur geschrieben werden sollte, nämlich „so wie der heftig denkende Mensch lebt". Der Sprachstil soll so gewählt werden, dass er zu der Lebensweise, dem Charakter und der Einstellung des Autors passt. Pop-literarische Texte sind meist in einfacher Sprache verfasst und berichten „realistisch aus dem Leben gesellschaftlicher Außenseiter".[50] Ob Goetz im realen Leben ein gesellschaftlicher Außenseiter war oder ist, kann an dieser Stelle nicht beurteilt werden. Was allerdings offensichtlich wird, ist, dass er im Rahmen der Klagenfurter-Veranstaltung als ein Außenseiter angesehen wird und sich im Text auch offensichtlich von den anderen

---

[46] Doktor, Thomas; Spies, Carla: S. 110.
[47] Ebd.: S. 111.
[48] Goetz, Rainald: S. 21.
[49] Kemper, Peter; Langhoff, Thomas; Sonnenschein, Ulrich: S. 9.
[50] http://www.thomasernst.net/popliteratur.html#Auszug

Teilnehmern abgrenzt: „Daß ich jetzt dies Jahr hier schon wieder sitze und schon wieder so ein Blödel liest, die müssen sich das ja vier Tage soundsoviele Stunden an den Kopf hauen lassen, die ganze Literaturphantasie, so eine Riesenscheiße".[51] Goetz bezeichnet die anderen Teilnehmer als „Blödel", die seiner Meinung nach ihre aussageunkräftige „Literaturphantasie" preisgeben um den Ingeborg-Bachmann-Preis zu erhalten. In dieser Beziehung grenzt sich Goetz von seinen Kollegen auf der Klagenfurter-Bühne ab. Er verfolgt ein anderes Ziel, er möchte provozieren, möchte ein mediales „take off" herausfordern. Goetz will, anders als seine Mitbestreiter, die literatursystematischen Grenzen überschreiten und sich über die traditionellen Strukturen des Literaturbetriebes hinwegsetzen.[52] Das macht Goetz zu einem gesellschaftlichen Außenseiter, zumindest auf der Klagenfurter Bühne.

Ein weiters Thema der Pop-Ästhetik, welches Goetz in seinem Text anspricht, ist die in den etwa siebziger Jahre entstandene sexuelle Revolution.[53] Goetz spricht explizit über die neuartige Freikörperkultur, die er offensichtlich abwertend beurteilt: „Dann sind da gleich die Nackten. Nichts ist schlimmer als der nackte Mensch [...]. So liegen die Nackten im Gras und winken mir mit ihren Knien zu [...]. Schaue ich weg, kommt schon wieder der nächste nackte Mensch daher, so obszön in seinem ordinär bewegten Fleisch."[54] Darüber hinaus greift Goetz noch einen weiteren Bereich des alltäglichen Lebens auf. Er bezieht sich auf den Umgang mit behinderten Menschen und demonstriert die gesellschaftliche Verachtung, die ihnen entgegengebracht wird. Die alltägliche abwertende Sprechweise, die behinderte Menschen ertragen müssen, integriert Goetz in seinen Text: „Daß muß so einem Krüppel gut tun, wenn er mal sauber angeschaut wird, der wird sicher nie richtig angeschaut [...]. Schon aber war es eine Belästigung. So ein Krüppel wird einem mit seinem spastischen Gefummel in den Augen lästig [...]."[55] Goetz stellt anschließend daran fest, dass „kein Mensch, der kein Krüppel nicht ist, [...] die Gedanken des Krüppels" nicht kennen kann und dass dabei auch „die saublääde Phantasie"[56] nicht hilft. Typisch pop-literarisch ist hier die Verarbeitung brisanter alltäglicher Themen in einer realistischen und einfachen Sprache. Der gesellschaftliche Außenseiter, Goetz nennt ihn „Krüppel", wird in „Subito" auf eine neue Art und Weise dargestellt, als der traditionelle Ton der Literatur es bisher getan hat. Denn es ist durchaus gewagt, in einem literarischen Text Fragen zu stellen wie etwa „Was denkt der Krüppel? Der muß doch auch was denken. Was denkt der Krüppel sein ganzes Leben lang?" oder

---

[51] Goetz, Rainald: S. 12.
[52] Doktor, Thomas; Spies, Carla: S. 107.
[53] Kemper, Peter; Langhoff, Thomas; Sonnenschein, Ulrich: S. 9.
[54] Goetz, Rainald. S. 15/16.
[55] Ebd.: S. 11/12.
[56] Ebd.: S. 12.

gar „Wie fickt so ein Krüppel?"[57], die zweifelsohne in Verbindung mit dem kritischen Inhalt die Grenzen des bisherigen „hohen Ton der traditionellen Literatur"[58] überqueren.

4.2 Sprachliche Aspekte

Nach dem Beenden seiner Lesung musste sich Rainald Goetz der Kritik seiner Jury aussetzen. Der Kritiker Marcel Reich-Ranicki war von seinem provokativen Text begeistert und nannte es eine „literarische Leistung". Diese Formulierung hatte sich das Prosastück laut Reich-Ranicki deshalb verdient, da Goetz es in einer völlig freien Sprache ausgedrückt hat. Reich-Ranicki bezeichnete die Sprache als temperamentvoll, authentisch und individuell. Ihn beeindruckte offenbar, dass Goetz eine Sprache wählte, die voller Leben ist und eine ganz eigene persönliche Nuance hat.[59]

Fürwahr ist Goetz Sprachstil sehr lebendig und temperamentvoll. Seine individuelle Art und Weise, seine Gedanken auszudrücken, durchzieht den ganzen Text. Eine unter vielen interessanten Textpassagen beginnt direkt auf der ersten Seite. Die Textstelle von „Das ist doch ein Schmarren, sagte Raspe, das ist doch ein Krampf, denen was vorzulesen [...]", über „ein Blut ein Blut ein Blut, das müsste raus fließen, Spritz Quill Ström [...]", bis hin zu „alles blutig voll Blut, bis es enden täte, zum Schluß, er dauernd schon, Röchel Röchel-."[60] erstreckt sich über 19 Zeilen, mit 33 Kommata und wirkt wie ein Bewusstseinsstrom. Wahrnehmungen, Empfindungen und Assoziationen werden hier aufgezeigt, ohne eine lineare Setzung von Interpunktionen zu beachten. Es fehlen teilweise Verben, Konjunktionen, Artikel oder Präpositionen. Der innere Monolog von Goetz wird hier an die Außenwelt getragen, um einen lebendigen Eindruck seines Bewusstseins zu erlangen. Nicht nur in diesem Aspekt überquert Goetz Grenzen der „klassischen" Schreibweise von Literatur. Die auftretenden sprachlichen Obszönitäten lassen seine Aggressivität der Klagenfurter-Veranstaltung gegenüber deutlich erkennbar werden. Goetz verwendet eine fast schamlose Beschreibung seiner Vorstellungen, wie er zum Beispiel in dieser Passage in das Fleisch des „fetten Direktors" hinein schneiden möchte, bis er „blutüberströmtmundig um Gnade winseln täte"[61]. Seine Ausführungen sind fern von jeglicher Diskretion, die es bis dato beim klassischen Literaturton zu wahren galt. Goetz verwendet in allen Bezugnahmen auf die Klagenfurter-Veranstaltungen eine äußerst verspottende Sprache, womit er den rebellischen Gestus verdeutlicht, der für die Pop-Literatur typisch ist. Er möchte mit seinem Sprachstil verhöhnen, möchte zynisch und sarkastisch sein, um den Protest, den er gegen den

---

[57] Ebd.
[58] http://www.thomasernst.net/popliteratur.html#Auszug
[59] Doktor, Thomas; Spies, Carla: S. 93.
[60] Goetz, Rainald: S. 9/10.
[61] Ebd.: S. 10.

Literaturwettbewerb hegt, als ernst gemeint wirken zu lassen. Bestimmte Wörter, mit denen Goetz seinem Text die für ihn notwendige aggressive Nuance verleiht, lässt er wiederholt direkt nacheinander vorkommen. In der bereits zitierten Passage ist es das Wort „Blut", was sieben Mal hintereinander auftritt. In einem anderen Absatz auf Seite 13 ist es das zehnfache Auftreten des Wortes „Scheiße", was Goetz Ablehnung und seine Angriffslust gegenüber dem Ingeborg-Bachmann-Preis zum Ausdruck bringt. Das ist „Wort-Gewalt" im doppelten Sinne. Goetz Sprachstil ist durch eine große Sprachartistik und –fertigkeit ausgezeichnet, er weiß geschickt mit umgangssprachlichen Ausdrücken umzugehen, verwendet aber auch Begriffe, die seine Wut explizit in Worte fassen. Darüber hinaus ist das Aneinanderhängen von Textsegmenten ebenfalls ein Mechanismus, seine Gedanken an die Außenwelt tragen zu können. Goetz hängt einzelne Textteile oder Interpunktionen aneinander, wie beispielsweise an der Textstelle „Spritz Quill Ström" aus dem bereits oben zitierten Textauszug. Dies wirkt wie eine Art Collage, wie die Comic-Sprache, die in der Pop-Literatur oft verwendet wird. Goetz gebraucht vorgefundene Bilder aus der Werbung, Comic und Presse, die er „direkt" in seinen Text importiert.[62] Ebenfalls typisch für Pop ist die große Anzahl an okkasionellen Wortbildungen im Text. Goetz schöpft in spontanen Momenten neue Wörter, um seine Individualität und das was er denkt zum Ausdruck zu bringen. Begriffe wie beispielsweise „Schlafvergiftung", „Lichttröpfelein" oder „Nullenanschauen". Damit drückt er Innovation und Spontaneität aus, was zu den Programmen der Pop-Literatur gehört.[63] Goetz überschreitet in seiner Sprechweise kulturelle Grenzen, die Grenzen des traditionellen literarischen Stils und übt Gesellschaftskritik, die hier speziell an die Klagenfurter-Veranstaltung gerichtet ist. Dies ist ein weiteres Indiz dafür, dass Goetz in einer Art und Weise schreibt, wie es für Pop-Literatur charakteristisch üblich ist.[64]

4.3 Komposition von Text und Aktion

Der Kritiker Marcel Reich-Ranicki sprach sich 1983 dafür aus, dass der Text von Rainald Goetz von seiner skandalösen Bühnen-Aktion zu trennen sei. Betrachtet man die Frage, ob beides zu trennen ist oder doch zusammengenommen analysiert werden muss, im Blickwinkel der Pop-Kultur, zeigt sich gerade aus der Komposition von Text und Aktion ein charakterstarkes Pop-Merkmal. Der Text ist voll von inhaltlichen und sprachlichen Pop-Strukturen und auch die Aktion kann in die Kategorie „Pop" eingeordnet werden. Mit seiner Bühnen-Provokation verfolgte Goetz das Ziel, sich als Autor eine gewisse Popularität zu verschaffen. Er zog für dieses Ziel nicht die Möglichkeit in Betracht, einen

---

[62] Arnold, Heinz-Ludwig; Schäfer, Jörgen: S. 18.
[63] Doktor, Thomas; Spies, Carla: S. 117.
[64] Diederichsen, Diedrich: S. 38.

herausragenden, stilistisch kunstvollen Text zu verfassen, um vielleicht so den Ingeborg-Bachmann-Preis zu erhalten. Er wollte sich mit seiner ehrlichen Meinung gegenüber der Klagenfurter-Veranstaltung in der Öffentlichkeit einen Namen verschaffen. Seine rebellische Art, die vor allem in der Komposition von Text und Aktion zum Ausdruck kommt und wie ein Widerstand gegen eine gesellschaftliche Einigkeit wirkt, erinnert stark an das Pop-Verständnis der sechziger und siebziger Jahre.[65]

Goetz' Bühnenaktion kann hinsichtlich der Pop-Ära in zwei Richtungen gedeutet werden. Goetz kann als Außenseiter betrachtet werden, der sich gegen den konventionellen Status des Klagenfurter-Wettbewerbs richtet und sich von den weiteren Teilnehmern und Teilnehmerinnen abgrenzen möchte. Dies wäre vor allem anhand seiner spöttischen und verhöhnenden Bezugnahmen innerhalb des Textes gegenüber den Klagenfurter Juroren und Verleger zu erklären. Die zweite Deutungsvariante bezieht sich auf den Wandel, dem die Pop-Literatur im Laufe der Zeit unterlag. Die Pop-Literatur ist von einer Literatur gesellschaftlicher Außenseiter, die sich kritisch gegen den hohen Ton der traditionellen Literatur wandten, zu einer Literatur geworden, die auch eine bestimmte Show und einen gewissen Unterhaltungswert implizieren möchte.[66] Dieser Wunsch nach Show, nach Bühnenaktion ist bei dem skandalösen Auftritt von Goetz nicht zu verleugnen. Natürlich geht es ihm dabei nicht um die reine Unterhaltung, sondern vielmehr um den werbestrategischen Effekt, wozu seine Show allerdings einen enorm wichtigen Teil beiträgt. Goetz nutzt die neuartige Form der Performance-Lesung als „Selbstinszenierung" und marktstrategischer Berechnung.[67]

Ebenso pop-charakteristisch ist die Simultaneität, die Goetz durch die Verbindung von seinem Text und der Rasierklingen-Aktion gleichzeitig auf die Bühne bringt. Er überrascht die Jury, das Publikum, sowie anwesende Journalisten mit seiner „spontanen" Bühnenaktion, mit der in diesem Auganblick wohl keiner der Anwesenden gerechnet hat. Simultaneität und Spontaneität sind Programme der Pop-Kultur, die sich Goetz für sein Ziel der medialen Vermarktung gekonnt zu Eigen macht.[68]

Die Komposition aus Aktion und Text bildet auf der Bühne eine dynamische Bewegung, womit er gezielt kulturelle Grenzen überschreitet, vor allem aber die Grenzen der Klagenfurter Veranstaltung. Das Grundprinzip des „Crossover" macht sich Goetz zu Nutzen und zeigt seine Gesellschaftskritik bezüglich des Wettbewerbs durch die brisante Bühnenaktion und seinen polemisch angreifenden Text „Subito".[69]

---

[65] Kemper, Peter; Langhoff, Thomas; Sonnenschein, Ulrich: S. 9.
[66] http://www.thomasernst.net/popliteratur.html#Auszug
[67] Arnold, Heinz-Ludwig; Schäfer, Jörgen: S. 62.
[68] Doktor, Thomas; Spies, Carla: S. 111.
[69] Diederichsen, Diedrich: S. 38/39.

5. „Subito" im Unterricht: Das Sprachspiel beim kreativen Schreiben

Um eine Unterrichtsreihe zur Popliteratur im Deutschunterricht durchführen zu können, benötigt man Hintergrundtexte, welche die Pop-Kultur und dessen Bewegungsstrom ausführlich erläutern. Die Texte müssen von den Schülern gelesen und mittels verschiedener didaktischer Methoden so erarbeitet werden, dass die Pop-Kultur als literarische Bewegung für die Schüler und Schülerinnen greifbar und verständlich wird. Wichtig dabei ist, dass die Schüler die Charakteristika pop-ästhetischer Literatur erfassen und anhand verschiedener Texte ausgewählter Autoren in wiederholten Betrachtungsvorgängen verinnerlichen. Als Vordergrundtext einer pop-literarischen Unterrichtsreihe könnte z.B. das Gedicht „Einen jener klassischen" (1975) von Rolf Dieter Brinkmann im Unterricht herangezogen werden. In diesem Gedicht geht es um ein lyrisches Ich, das seinem Alltag nachgeht, aber ganz plötzlich durch den musikalischen Reiz eines „klassischen schwarzen Tangos" daraus befreit wird. Das lyrische Ich fixiert diesen Moment schnell, bevor dieser in der „verfluchten dunstigen Abgestorbenheit Kölns wieder"[70] erlöscht. Die durch die Hintergrundtexte erfassten pop-literarischen Kriterien können bei der Analyse des Gedichtes hilfreich sein, sodass die Schüler herausarbeiten sollen, was an diesem Gedicht pop-ästhetisch ist. Die Ergebnisse können von dem Bezug des schwarzen Tangos über den bewusstseinsverdeutlichenden Sprachstil bis hin zum Thema der Grenzüberschreitung des als negativ bewerteten und kritisierten Alltags reichen und bezüglich typischer Pop-Literatur diskutiert werden.

An dieser Stelle der Arbeit soll es aber nicht um eine Unterrichtsreihe zur Pop-Literatur im Deutschunterricht gehen, sondern viel mehr um die mögliche Einbringung des Textes „Subito" von Rainald Goetz. Bevor mögliche Arbeitsaufträge vorgestellt werden, ist eine Überlegung bezüglich der Jahrgangsstufe, in der „Subito" eingebracht werden soll bzw. kann, nötig. Da Rainald Goetz ein Autor ist, der in seinem Text keinen Skrupel vor gewissen obszönen Beschreibungen hat, was mit zu seinem Sprachkonzept gehört, ist es wichtig darauf zu achten, dass der Text in einer Jahrgangsstufe besprochen wird, in der es möglich ist, reflektierend über unterschiedliche Sprachstile zu diskutieren. Aufgrund der drastisch formulierten inhaltlichen Aspekte und der vermittelten Aggression des Textes gegenüber der Klagenfurter-Veranstaltung ist es am sinnvollsten, „Subito" in der Oberstufe durchzunehmen, wenn möglich vielleicht sogar ausschließlich im Deutsch-Leistungskurs, da die Schüler und Schülerinnen in der Lage sein müssen, eine objektive Sicht gegenüber dem Spiel mit der Sprache und inhaltlichen Bezügen einnehmen zu können.

---

[70] Brinkmann, Rolf Dieter: Westwärts 1&2: Gedichte. Neuausgabe. Reinbek, 1999. S. 25.

19

„Subito" kann als Vordergrundtext in den Unterricht eingebaut werden, wobei jedoch eine zuvor stattgefunden Unterrichtsreihe zur Pop-Kultur vorausgesetzt ist. Vordergrundtext bedeutet, dass die Schüler sich intensiv mit Textarbeit beschäftigen, anstatt nur den Inhalt zur Kenntnis zu nehmen, der ein behandeltes Thema verdeutlichen soll, wie es bei vielen Hintergrundtexten der Fall ist. Nachdem die Schüler den Text „Subito" gelesen haben, können die wichtigsten Aussagen mit Blick auf den Ingeborg-Bachmann-Preis in Gruppen diskutiert werden, bevor sich die Schüler intensiv mit dem sprachlichen Gestaltungsstil von Rainald Goetz auseinandersetzen. Es können Fragen beantwortet werden, wie zum Beispiel „Was für einen Sprachstil verwendet Rainald Goetz in seinem Text? Was ist besonders auffällig? Was bewirkt dieser Sprachstil?".
„Subito" ist ein Text, der eine methodische Anleitung impliziert, kreative Texte selbst zu schreiben. Goetz' Text stößt weitere Schreibprozesse an und kann somit im Unterricht als Schreibanlass verwendet werden. Diese Form des Unterrichtens geht über den klassischen Aufsatzunterricht hinaus und regt zu einem kreativen Spiel mit der Sprache bei produktiven Aufgaben an. Durch die vorangegangene Textarbeit, vor allem durch das Analysieren des Sprachstils ist es den Schülern möglich, die herausgefundenen Aspekte bezüglich Goetz' inhaltlicher Aussagen und dem Spiel mit der Sprache selbst in einen eigenen kreativen Text einzuarbeiten.

Das verstärkte Interesse an Kreativität ist kein neues Phänomen, sondern wurde durch ein technologisch-politisches Ereignis im Jahre 1957 ausgelöst. Die Sowjetunion schoss während dem Systemkonflikt zwischen den West- und Ostmächten als erstes Land einen Satelliten ins Weltall. Die USA wollte technologisch aufholen und sah die eigene Kreativität als einzigen Ausweg ihres Rückstandes an. Der Begriff Kreativität geht auf das lateinische Verb „creare" zurück, was so viel wie „etwas hervorbringen, erschaffen und etwas neues ins Leben rufen" bedeutet. Dementsprechend versuchte die USA mit ihrer Kreativität neues Denken und Handeln hervorzurufen, um aus alten Zuständen etwas Neues und Ergiebigeres fabrizieren zu können.[71] In der didaktischen Diskussion ist der Begriff der Kreativität vor allem seit den 70er Jahren ein Kernbegriff. Zu Beginn ist unter Kreativität ein divergentes Denken verstanden worden, das zu neuen Problemlösungswegen führen kann. Man ging davon aus, dass kreatives Verhalten nicht den vorgegebenen Problemlösungswegen folgt, sondern aus den vorgegebenen Bahnen ausbricht und ganz neue Muster zur Schwierigkeitsbewältigung verwendet. Diese Richtung ändert sich in den 80er Jahren. Der Kreativitätsbegriff wurde hier als Ausdruck von Individualität verstanden. Durch kreatives Handeln konnte man seine verborgene

---

[71] Brenner, Gerd: Kreatives Schreiben. Ein Leitfaden für die Praxis. Mit Texten Jugendlicher. Frankfurt am Main, 1990. S. 15/16.

innere Welt zum Vorschein bringen und sich von belastenden Emotionen befreien.[72] Heute wird unter dem kreativen Schreiben vor allem die Fähigkeit verstanden, den Weg vorgegebener Muster zu verlassen, um die eigene Gestaltungskraft in Anspruch nehmen zu können, die eigene Phantasie zu entfalten, um somit die ganze Person in den Schreibprozess zu integrieren. Somit lässt sich der Autor auf die Textproduktion ein, ohne den Planungsprozess dabei als oberste Priorität anzusehen. Die Schüler sollen also nicht nach einem vorgegebenen Plan schreiben, sondern sich in gewisser Weise von dem Spiel mit der Sprache inspirieren lassen und gegenüber neuen Sprachexperimenten mutiger werden. Dabei spielt auch die bereits in den 80er Jahren einbezogene Subjektivität beim kreativen Schreiben eine wichtige Rolle. Beim kreativen Schreiben können innere Vorgänge sprachlich umgesetzt werden, an die Außenwelt getragen werden, was zu einer Entlastung und einem Loslassen innerer Blockaden führt. Innere Zustände werden dem Schüler beim kreativen Schreiben bewusst und können durch die sprachliche Äußerung verarbeitet werden. Zusätzlich ist der positive Effekt des kreativen Schreibens, dass das Fremdverstehen der Schüler gefördert wird. Durch das Hineindenken in andere Perspektiven wird eine Nachvollziehbarkeit innerer Denk- und Empfindungsvorgänge ermöglicht[73]:

> „Wenn z.B. [...] der innere Monolog, den eine literarische Figur an einer bestimmten Stelle geführt haben könnte, schreibend entworfen wird, dann vollzieht man inner Denk- und Empfindungsprozesse viel direkter nach, als wenn man im Gespräch über die Charaktereigenschaften oder die Befindlichkeit einer Figur diskutiert."[74]

Allerdings kommt neben der Darstellungsweise der inneren Welt auch immer der Aspekt der Außenwelt hinzu. Beim kreativen Schreiben werden materielle, soziale und gesellschaftliche Begebenheiten der Realität, in der sich der Schüler befindet, mit einbezogen und verarbeitet. Somit ist der kreative Schreibprozess eine Art Reflexion der eigenen Person sowie der gesamten Lebenswelt, in der man sich befindet.[75]

Eine weitere wichtige Leistung, die das kreative Schreiben mit sich bringt, ist die des Abbaus von Schreibblockaden. Beim Spiel mit der Sprache können Jugendliche plötzlich Texte produzieren, die weit über ihren bisherigen Leistungen liegen. Der Abbau von Schreibblockaden führt dazu, dass die in der Regel bei allen Jugendlichen vorhandene Freude am Schreiben zur Entfaltung kommt.[76] Solche Schreibblockaden können zum

---

[72] Spinner, Kaspar Heinrich: Kreatives Schreiben. In: Zeitschrift für den Deutschunterricht. Pädagogische Zeitschriften bei Friedrich in Velber in Zusammenarbeit mit Klett. Praxis Deutsch. Kreatives Schreiben. Nr. 119. Seelze, 1993. S. 17.
[73] Winter, Claudia: Traditioneller Aufsatzunterricht und kreatives Schreiben. Eine empirische Vergleichsstudie. Augsburg, 1997. S. 17-21.
[74] Spinner, Kaspar Heinrich: S. 20.
[75] Brenner, Gerd: S. 20.
[76] Spinner, Kaspar Heinrich: S. 21.

21

Beispiel mit dem bisherigen Unterricht zusammenhängen, der das „Entdecken und Ausdrücken der eigenen Identität", was „Mittel und Ziel kreativen Schreibens"[77] ist, leider viel zu oft abblockt. Ebenfalls kann die Peer-Group-Orientierung Schreibblockaden hervorrufen. Wenn Schüler und Schülerinnen stark darauf bedacht sind, das zu tun, was ihre gleichaltrigen Kameraden vermutlich auch tun würden, sich also in eine Art Abhängigkeit zur Gruppe stellen, wird der Spielraum für individuelle Schreibprozesse (vor allem inhaltlich) sehr stark eingeengt.[78] Des Weiteren sind Jugendliche meist stark auf ihre alltäglichen Unterrichtsformen fixiert, die ihnen oft den Zugang zu kreativen Impulsivitäten versperren. Es liegt also erstmal an der Lehrperson, den Schülern und Schülerinnen einen Weg zur unterrichtlichen Kreativität zu ermöglichen. Dabei müssen die gewohnten schulischen „Bemächtigungstechniken" zurückgestellt werden, um zu einem neuen Umgang mit eigenen Vorstellungen zu gelangen und mit einem ungewohnten Spiel mit der Sprache kreative Erzeugnisse hervorbringen zu können.[79]

Ein entscheidender Aspekt, der für das kreative Schreiben noch von ausschlaggebender Bedeutung ist, ist die literarische Geselligkeit. Nach den individuellen Schreibakten ist ein Austausch in der Gruppe nötig, da die Texte von den Autoren persönlich vertreten werden und somit eine andere Art von Bewertung und Kritik benötigen, als es beispielsweise bei der Erfüllung einer einfachen Aufsatznorm wäre. Es müssen also Unterrichtsformen geboten werden, in denen das Vorlesen der Texterzeugnisse der Mittelpunkt ist oder in denen die Texte zum Lesen zur Verfügung gestellt werden, was über das sonst übliche Korrigieren der Aufsätze durch die Lehrperson hinausgeht. Es können somit zum Beispiel Texte in Kleingruppen vorgetragen und diskutiert werden, Texte können von Mitschülern in schriftlicher Form kommentiert werden oder es werden Textsammlungen als Vergleich zusammengestellt. Bei dem Austausch in der Gruppe findet soziales Lernen statt, da sich die Schüler und Schülerinnen schreibend jemandem mitteilen und sich vor allem hörend und antwortend aufeinander einlassen.[80] Darüber hinaus ergibt sich in öffentlichen Diskussionen für gewöhnlich ein entkrampfender und anspornender Effekt, den die Jugendlichen nach den Präsentationsphasen nutzen können. Ein Abbau von Veröffentlichungsängsten, Mut zum Vortrag oder zum freien Reden und motivierte Inangriffnahme neuer Schreibprojekte sind weitere positive Folgen des Austausches in der Gruppe. Als historische Form literarischer Geselligkeit ist die bereits in Abschnitt 2.1 erwähnte „Gruppe 47" zu nennen. Die jungen Autoren lasen sich

---

[77] Ebd.
[78] Brenner, Gerd: S. 21.
[79] Ebd.: S. 23.
[80] Spinner, Kaspar Heinrich: S. 22.

wechselseitig aus ihren noch nicht veröffentlichten Manuskripten vor, um sich ein kollegiales Urteil einzuholen.[81]

Ein letzter entscheidender Aspekt des theoretischen Bezuges zum kreativen Schreiben ist ein Blick auf literaturdidaktische Zielsetzungen, genauer gesagt auf die Verbesserung der Analysefähigkeit. Schüler, die mit der analytischen Tätigkeit in der Schule Probleme haben, können durch das kreative Schreiben neu motiviert werden. Die Schüler erlangen neue Impulse, sich selbst ausdrücken zu wollen und zu können, es fällt ihnen leichter sich in andere Personen hineinzuversetzen und sind angespornter sich somit intensiver mit einem Text zu beschäftigen. Die Verknüpfung von einem Text mit seinem Rezipienten ist vor allem für den Literaturunterricht von großer Bedeutung. Die Schüler erlernen durch das eigene Schreiben eine gewisse Sensibilität gegenüber der Machart anderer Texte, die im Unterricht durchgenommen werden. Die Textanalyse fällt den Jugendlichen leichter, da sie die Schreibprozesse einfacher nachverfolgen können und einzuschätzen wissen, ob ein Text ein spontaner Selbstausdruck eines Individuums ist oder durchkonstruierte Strukturen aufweist.[82]

Die Möglichkeit, Literatur als Schreibanlass zu nutzen, wurde bereits in den 70er Jahren wahrgenommen, besitzt aber erst heute nach einer Weiterentwicklung große Aktualität für den Deutschunterricht. Das Angebot der Literatur kann als Angebot zur selbstständigen schriftlichen Entfaltung beitragen. Die Strukturen und Hauptaussagen produktiver Texte können durch eigenes schriftliches Arbeiten genauer erfasst und verstanden werden. Darüber hinaus wird der individuelle Sprachstil der Schüler gefestigt und durch neue Strukturen der produktiven Texte weiterentwickelt. Wie bereits beschrieben, kann auch Goetz' „Subito" als Schreibanlass verstanden werden. Dabei geht es nicht darum, den Text oder den kompletten lebendigen Sprachstil im Detail zu imitieren, sondern sich Strukturen zu Eigen zu machen, um daraus einen neuen Text mit individuellem Charakter entstehen zu lassen.[83] Der daraus entstehende Text, der etwas Neuartiges darstellt, überschreitet die Grenzen der Schülertexte, die bis dato hervorgebracht wurden.[84] Wenn sich die Schüler also den lebendigen, authentischen Sprachstil von Goetz zu Eigen machen, überschreiten sie die Grenze ihrer Sprachfähigkeit, die sich bisher in eigenen Texten gezeigt haben. Die Schüler und Schülerinnen erproben neue Sprachstile, die sie in ihr aktuelles Sprachrepertoire aufnehmen und weitreichend anwenden können. Dieser Aspekt der Grenzüberschreitung

---

[81] Brenner, Gerd: S. 164-167.
[82] Kokavecz, Yvonne; Leis, Mario: Kreatives Schreiben mit Schülern. Veröffentlichungen zum Forschungsschwerpunkt Massenmedien und Kommunikation. Hrsg. vom Fachbereich 3, Sprach- und Literaturwissenschaft an der Universität GH-Siegen. Siegen, 2001. S. 3.
[83] Winter, Claudia: S. 19.
[84] Brenner, Gerd: S. 20.

passt wiederum zu dem an „Subito" gekoppelten Kontext der Pop-Literatur. Die Schüler werden selbst zu einem Pop-Literaten, indem sie Grenzen überschreiten – in dem Falle sprachliche und inhaltliche Grenzen - und ihre inneren Beschaffenheiten, Wünsche oder Aggressionen voll ausleben. Neben der besseren Erfassung der Strukturen und Hauptaussagen des Textes „Subito" können die Schüler durch einen kreativen Schreibprozess somit auch die Eigenschaften eines Pop-Literaten kennen lernen. Ein stilistischer Aspekt in „Subito", mit dem die Schüler beispielsweise arbeiten könnten, ist die Machart eines Montage-Romans. Bei der Montage-Technik wird die Sprache des Alltags so verwendet, dass Brüche zwischen den Sprachbrocken entstehen, die beim Schreiben und Lesen Denkprozesse in Gang setzen. Das kritische Denken wird angeregt, welches den Montageprozess fortführen soll. Es geht also bei dem Montage-Prinzip nicht darum, die Welt abzubilden, sondern etwas Unerwartetes aufzuzeigen, das spontan und lebendig dargestellt wird.[85] Goetz verwendet an einigen Stellen in seinem Text das Montage-Prinzip, indem er einzelne Textteile aneinanderreiht, wie z.B. an den Stellen „ein Blut ein Blut ein Blut, das müsste raus fließen, Spritz Quill Ström [...] alles blutig voll Blut, bis en enden täte, zum Schluß, er dauernd schon, Röchel Röchel-." und „Ich schneide in die Haut, Blut quillt hervor, und es macht: Fließ Rinn Zisch Lösch." Diese Textauszüge erinnern allerdings auch an den für die Pop-Literatur typischen Comic-Schreibstil, bei dem Gegebenheiten in simpler Sprache bildhaft dargestellt werden.

Im Bezug auf „Subito" können den Schülern nun verschiedenen kreative Schreibaufgaben gestellt werden. Auf den letzten Aspekt eingehend, wenn es um die Montage von Sprachteilen geht, könnten die Schüler eine Situation beschreiben, die sie im realen Leben kritisieren und der sie starke Ablehnung gegenüber empfinden. Dieser Arbeitsauftrag steht im Verhältnis zu Goetz' alltäglichem Sprachstil, der durch das Montage-Prinzip, den Bewusstseinsstrom und die Comic-Sprache präsentiert wird. Inhaltlich gesehen müssen sich die Schüler in eine ähnliche Situation, wie Goetz sie im Text erlebt, hineinversetzen. Goetz lehnt die Klagenfurter-Veranstaltung ab und seine aggressive Einstellung gegenüber dem Wettbewerb kommt in seinem Text unvermeidlich vor allem in der sprachlichen Aufbereitung zum Ausdruck. Eine Arbeitsaufgabe an die Schüler könnte also lauten:

„Schließt die Augen und stellt euch eine Situation vor, in der ihr euch nur ungern befindet. Ihr hegt gewisse Aversionen gegen diese Situation und würdet sie am liebsten meiden. Ihr müsst euch dieser Lage allerdings aussetzen, da sie eventuell positive Folgen für euch bereithalten könnte. Stellt euch nun vor, ihr sollt eure Gedanken, die Kritik und eure ganze Ablehnung dieser Gegebenheit gegenüber schriftlich darstellen, so dass ein

---

[85] Benner, Gerd: S. 143.

fremder Leser eure Wut nachvollziehen kann. Macht auf eine ähnliche Weise wie Rainald Goetz in seinem Text „Subito" deutlich, dass Ihr euch nur ungern in dieser bestimmten Lage befindet und erläutert warum!"

Die Situationen, die beschrieben werden sollen, können aus ganz unterschiedlichen Bereichen stammen. Es könnte zum Beispiel der gehasste Musikunterricht beschrieben werden, der nur beschritten wird, weil die Eltern großen Wert auf einen kleinen Pianisten in der Familie legen; es könnte die ungeliebte Familienfeier dargestellt werden, auf der sich alle gegenseitig einen scheinheiligen Familienzusammenhalt vorgaukeln, aber froh sind, wenn die paar Stunden der Gemeinsamkeit bewältigt wurden; genauso gut wäre die Beschreibung eines unbeliebten und für überflüssig bewerteten Schulfaches in der Lage, die Arbeitsaufgabe zu erfüllen, ebenso wie die Darstellung einer Aversion gegen einzelne politische oder bestimmte gesellschaftliche Zustände (aktuell z.B. zur Erderwärmung oder zu kommerziellen Sendungen wie „Deutschland sucht den Superstar"). Die Schüler erlangen durch diese Aufgabe einen sensibleren Blick bezüglich Goetz' Ablehnung des Klagenfurter-Wettbewerbs und machen sich mit seinem lebendigen, authentischen, umgangssprachlichen und impulsiven Schreibstil vertraut.

Darüber hinaus können weitere mögliche Schreibvorgänge in Bewegung gesetzt werden, die den analytischen Blick bezüglich Goetz' polemische und abwertende Einstellung gegen die Klagenfurter Veranstaltung einschließlich seines verspottenden und lebendigen Sprachstils auf der Schülerseite verfestigen.

„Stellt euch vor, ihr schlüpft in die Haut von Rainald Goetz. Es ist Sommer 1983 und ihr habt gerade die Lesung hinter euch gebracht und euch der Kritik ausgesetzt, die teils positiver, teils negativer Natur war. Ihr kommt nach Hause, setzt euch an euren Schreibtisch und lasst den Tag Revue passieren. Ihr denkt an den Moment, in dem ihr die Klagenfurter Bühne betreten habt, wie ihr euren Text vorgetragen und euch die Haut über der Stirn aufgeschnitten habt. Ihr erinnert Euch an das gestrige Telefonat mit eurem guten Freund, dem ihr versprochen habt, alles genau per E-Mail zu schildern. Schreibt eurem Freund diese E-Mail und lasst ihn an euren Emotionen und Erlebnissen des Klagenfurter-Wettbewerbs teilhaben!"

Für diese Aufgabe ist es allerdings nötig, dass der Skandal, den Goetz in Klagenfurt provoziert hat, genauer dargestellt wird. Hierzu kann der Film gezeigt werden, der 1983 den Auftritt von Goetz dokumentiert. Die Kritik der Jury nach Lesungsende kann anschließend in Gruppen diskutiert und durch eigene Anregungen vervollständigt werden.

Ein weiterer Arbeitsauftrag könnte sich auf die Wirkung der Öffentlichkeit beziehen. Die Medien ließen Rainald Goetz in den Tagen nach seinem skandalösen Auftritt nicht mehr

außer Acht und Goetz' Performance schaffte es über das traditionelle mediale Subsystem bis in die „Tagesthemen".[86] Die Schüler und Schülerinnen könnten einen Zeitungsartikel verfassen, der sich auf Rainald Goetz, seinen Text „Subito" und / oder seinen skandalösen Auftritt bezieht. Um die Pop-Kultur mit einzubeziehen, soll der Artikel für eine Zeitschrift der Pop-Literatur geschrieben werden:

„Ihr seit einer der Chefredakteure der Zeitschrift ‚Soma'. Euer Magazin beschäftigt sich mit Politik, kulturellen Ereignissen, mit allgemeinen Themen des Lebens und steht im Zeichen der Pop-Kultur.[87] Da Rainald Goetz ein Autor der Pop-Literatur ist, erscheint er euch für eure Zeitschrift äußerst interessant. Schreibt einen Artikel über die Person Rainald Goetz, seinem Klagenfurter Auftritt und / oder seinem provokativen Text ‚Subito'. Vergesst dabei nicht, dass ihr ein Autor seid, der auch für seine eigenen Texte die Pop-Ästhetik als programmatisch ansieht. Erinnert euch an die charakteristischen Eigenschaften eines pop-literarischen Textes, so wie sie auch in „Subito" zu erkennen sind, und baut diese in euren Artikel ein!"

Nach der Bearbeitung dieser oder ähnlicher Aufgaben, die zum Teil in der Schule verfasst werden sollen und zu Hause zu vervollständigen sind, sollte eine wie bereits oben erwähnte „literarische Geselligkeit" geschaffen werden. Die Schüler und Schülerinnen tragen ihre Texte vor, um sich dann, wie die historische Form der „Gruppe 47", ein kollegiales Urteil einholen zu können. Die Kritik soll sich nicht auf den Inhalt beziehen. Alle verwendeten Themen werden prinzipiell akzeptiert. Die Texte sollen auf die Machart und den sprachlichen Stil hin bewertet werden[88], wobei es keine festen Maßstäbe der Beurteilung gibt (keine Notenverkündung während der Kritik). Der vortragende Schüler schlüpft dabei in die Rolle eines Autors, der nach der Lesung die Kritik wortlos über sich ergehen lassen muss.[89] Die Schüler, die den Text beurteilen sollen, versetzen sich in die Rolle der Juroren und bewerten argumentativ die vorgetragenen Texte. Bei dieser Form des öffentlichen Vortragens von eigenen Texten sind neben der näheren Betrachtung der kreativen Schreibvorgänge weitere positive Effekte zu erwarten. Die Schüler verlieren durch wiederholtes Vortragen und Präsentieren ihrer Texte die Scheu gegenüber dem Sprechen vor einer Gruppe. Die Schüler werden sich darüber bewusst, dass selbst negative Kritik nicht immer ausschließlich ein Defizit ansprechen muss, sondern dass auch negative Kritik als ein konstruktiver Verbesserungsvorschlag genutzt werden kann. Somit kann die Angst, die viele Schüler vor dem freien Reden haben, teilweise relativiert werden. Auf der Seite der

---

[86] Doktor, Thomas; Spies, Carla: S. 103.
[87] http://www.somasoma.de/index2.htm
[88] Brenner, Gerd: S. 167.
[89] Ebd.

26

Kritik ausübenden Schüler ist der Lerneffekt zu erwarten, dass der vorgetragene Text wirklich genau betrachtet und bewertet wird, dass die Schüler über dessen Machart, den Sprachstil und auch vergleichend über ihren eigenen Text reflektieren. Ebenso wird erprobt, konstruktive Kritik äußern zu können, die sachbezogen, objektiv und nützlich ist. Sachliche Kritik unvoreingenommen zu äußern und diese auf der anderen Seite konstruktiv anzunehmen, ist ein Lerneffekt, der nicht nur im Deutschunterricht nützlich sein kann.

6. Schlussbemerkung

Abschließend kann zusammengefasst werden, dass „Subito" ein Text ist, der mit seinem Inhalt, seiner literarischen Machart und seiner medialen Vermarktung Grenzen überschreitet, kulturelle und gesellschaftliche Normen außer acht lässt und somit seine Polemik und Provokation zu verstehen gibt. Die Polemik, die Rainald Goetz offenkundig darbietet, bezieht sich hauptsächlich auf die Klagenfurter Veranstaltung, die in seinem Text „verbal und bildhaft regelrecht in Fäkalien"[90] untergeht. Goetz übt harte kulturelle Kritik an den für ihn charakterschwachen Klagenfurter Lesungs-Tagen. Die ausgedehnte Grenzüberschreitung und gnadenlose Kritikausübung lassen Rainald Goetz' „Subito" aus dem Genre der Pop-Literatur nicht mehr herausdiskutieren. Doch das Vorurteil mancher Kritiker, dass Pop-Literatur eine reine Vermarktungsstrategie sei[91], kann trotz des multimedialen Skandals dem Text von Goetz nicht angehaftet werden. Goetz verleiht seinem Text durch den sehr individuellen Sprachstil einen kunstvollen Charakter, der eine reine Vermarktungsstrategie überschreitet. Denn in „Subito" werden die zahlreichen Faktoren des Zeichensystems der populären Kultur eingesetzt, die durch die Massenmedien hervorgebracht und publiziert werden. Dies stellt einen weiteren Aspekt der Pop-Literatur dar:

> „Pop-Literatur ist also eine Literatur, die nicht der Sehnsucht nach einer vordiskursiven Wirklichkeit, nach etwas Eigentlichem, erliegt. Sie erhebt keine kulturkritische Anklage gegen die ausufernde Zeichenproduktion der populären Kultur [...], sondern nutzt sie als Ausgangsmaterial des literarischen Schreibens: Pop-Literatur entsteht, wenn der Autor die Pop-Signifikanten – gleichgültig ob sie aus einem Popsong, einem Film oder einem Werbeslogan stammen – im literarischen Text neu ‚rahmt'."[92]

Goetz repräsentiert in „Subito" Bewusstseinströme eines empfundenen Augenblicks, die aber dennoch über die reine Wahrnehmung und Darstellung seiner Wut gegenüber dem Klagenfurter-Wettbewerb hinausgehen. „Subito" ist eine literarische Leistung, da der dargestellte Wutausbruch authentisch und lebendig wirkt, Goetz in dem Text so viel

---

[90] Doktor, Thomas; Spies, Carla: S. 88.
[91] Arnold, Heinz Ludwig; Schäfer, Jörgen: S. 63.
[92] Ebd.: S. 15.

eigenes Leben einfließen lässt und gleichzeitig zahlreiche Elemente unseres Kulturlebens (Fernsehen, politische Aspekte oder allgemeine alltägliche Begebenheiten) involviert.[93] Aufgrund dieser Fülle von Betrachtungspunkten in „Subito" kann der Text durchaus im Deutsch- bzw. Literaturunterricht behandelt werden. Der hier beschriebene Ansatz des kreativen Schreibens ist nur eine Möglichkeit, wie die Schüler und Schülerinnen sich den brisant gestalteten Text verständlich machen und im Hinblick auf die Pop-Kultur Goetz' Verlangen nach „viel mehr Werbung Tempo Autos Modehedonismus Pop und noch mal Pop"[94] nachvollziehen können.

---

[93] Doktor, Thomas, Spies, Carla: S. 93.
[94] Goetz, Rainald: S. 21.

7. Literaturverzeichnis

Primärliteratur:

Brinkmann, Rolf Dieter: Westwärts 1&2. Gedichte. Neuausgabe. Reinbek, 1999.

Goetz, Rainald: Subito. In: Goetz, Rainald: Hirn. Frankfurt am Main, 1987.

Sekundärliteratur:

Arnold, Heinz-Ludwig; Schäfer, Jörgen: Text+Kritik. Sonderband. Pop-Literatur. München, 2003.

Brenner, Gerd: Kreatives Schreiben. Ein Leitfaden für die Praxis. Mit Texten Jugendlicher. Frankfurt am Main, 1990.

Diederichsen, Diedrich: Pop – deskriptiv, normativ, emphatisch. In: Hartges, Marcel; **Lüdke, Martin; Schmidt, Delf**: Pop, Technik, Poesie. Die nächste Generation. Literaturmagazin Nr. 37. Hamburg 2001. S.

Doktor, Thomas; Spies, Carla: Gottfried Benn - Rainald Goetz: Medium Literatur zwischen Pathologie und Poetologie. Opladen, 1997.

Kemper, Peter; Langhoff, Thomas; Sonnenschein, Ulrich: „Alles so schön bunt hier". Die Geschichte der Popkultur von den Fünfzigern bis heute. Mit 31 Abbildungen. Stuttgart, 1999.

Kokavecz, Yvonne; Leis, Mario: Kreatives Schreiben mit Schülern. Veröffentlichungen zum Forschungsschwerpunkt Massenmedien und Kommunikation. Hrsg. vom Fachbereich 3, Sprach- und Literaturwissenschaft an der Universität GH-Siegen. Siegen, 2001.

Spinner, Kaspar Heinrich: Kreatives Schreiben. In: Zeitschrift für den Deutschunterricht. Pädagogische Zeitschriften bei Friedrich in Velber in Zusammenarbeit mit Klett. Praxis Deutsch. Kreatives Schreiben. Nr. 119. Seelze, 1993.

Winter, Claudia: Traditioneller Aufsatzunterricht und kreatives Schreiben. Eine empirische Vergleichsstudie. Augsburg, 1997.

Digitale Quellen:

http://archiv.tagesspiegel.de/archiv/29.06.2003/629008.asp (16.01.07)

http://bachmannpreis.orf.at/index25.htm (16.01.07)

http://www.somasoma.de/index2.htm (28.02.07)

http://www.stern.de/lifestyle/reise/deutschland/510342.html?eid=510210 (25.02.07)

http://www.stern.de/lifestyle/reise/deutschland/525817.html?eid=510210 (25.02.07)

http://www.thomasernst.net/popliteratur.html#Auszug (11.02.07)

http://www.weltchronik.de/ws/bio/main.htm (11.02.07)

http://www.zdf.de/ZDFde/inhalt/22/0,1872,2192790,00.html (16.01.07)